L'incroyable secret de M. ÉTONNANT

L'incroyable secret de M. ÉTONNANT

Roger Hargreaves

hachette
JEUNESSE

Monsieur Étonnant habitait une drôle de maison. Regarde-la. Tu n'en as jamais vu de semblable, n'est-ce pas ?

C'est que monsieur Étonnant était un drôle de bonhomme. Alors, rien d'étonnant à ce qu'il n'ait pas une maison comme tout le monde !

Ce jour-là, monsieur Étonnant décida de profiter de la belle journée qui s'annonçait pour aller faire une promenade.

Mais, en arrivant à l'arrêt de bus, il passa son chemin. Tu crois peut-être qu'il avait envie de se promener à pied.

Mais non, pas du tout !

Monsieur Étonnant avait décidé d'attendre le bus un peu plus loin, au pied d'un réverbère.

Sais-tu ce qui se passe, lorsqu'on attend le bus au pied d'un réverbère ? Eh bien, il ne s'arrête pas. Pas étonnant !

Et c'est ce qui arriva à monsieur Étonnant.

– Quand vous voulez prendre le bus, monsieur Étonnant, lui lança le chauffeur, attendez à l'arrêt, comme tout le monde !

Et il poursuivit sa route.

Faire comme tout le monde, voilà justement ce dont monsieur Étonnant avait horreur.

Mais tous ces problèmes de transport lui avaient donné une idée…

Madame Catastrophe passait par là quand elle entendit un drôle de bruit dans la cabane à outils de monsieur Étonnant.

– Bonjour ! Je peux vous aider ? demanda-t-elle en poussant la porte.

– Si vous y tenez…

Pauvre madame Catastrophe ! Elle ressortit de là couverte de cambouis et de taches d'huile.

– Quelle horreur ! s'écria-t-elle.

Qu'est-ce que monsieur Étonnant était donc en train d'inventer ?

Mystère...

Monsieur Étonnant était tellement absorbé par sa tâche qu'il n'entendit pas arriver monsieur Curieux.

Or, monsieur Curieux avait la fâcheuse habitude de fourrer son nez partout.

Ce jour-là, monsieur Étonnant le mit à la porte si brutalement que… Aïe ! Ouille ! Le nez de monsieur Curieux resta coincé dans la porte !

– Je vais vous confier un secret, lui dit monsieur Étonnant, qui regrettait sa brutalité.

– Alors là, c'est absolument épatant ! s'exclama monsieur Curieux lorsqu'il eut pris connaissance du secret.

Et toi, tu brûles d'envie de le connaître aussi, n'est-ce pas ?

Eh bien, monsieur Étonnant s'était fabriqué une voiture.

Mais pas une voiture comme les autres !

Une voiture en forme de baignoire et haut perchée, ce qui lui permettait de voir loin devant.

– Une voiture dans laquelle on peut prendre son bain. Ça, c'est étonnant ! s'écria monsieur Rigolo en riant aux éclats.

Du haut de sa drôle de voiture, monsieur Étonnant n'eut aucun mal à trouver une place de parking.

Une fois garée, sa voiture se baissa pour le laisser descendre et se couvrit du rideau de douche.

Pendant que monsieur Étonnant faisait ses courses, la neige se mit à tomber.

En quelques instants, toute la ville fut recouverte d'un épais manteau blanc.

Toutes les voitures étaient ensevelies sous la neige, y compris celle de monsieur Étonnant.
Seulement, celle-ci avait quelque chose de spécial.

Tu as deviné quoi, n'est-ce pas ?

Grâce à son ingénieux véhicule qui était beaucoup plus haut que les autres, seul monsieur Étonnant put rentrer chez lui en voiture.

En chemin, il rencontra ses amis qui attendaient le bus, en vain, transis de froid, car la neige commençait à les ensevelir eux aussi.

– Bonjour ! Voulez-vous que je vous dépose quelque part ? leur proposa-t-il.

– Bravo, monsieur Étonnant ! Grâce à vous, nous sommes sauvés ! s'exclama madame Tête-en-l'Air, ravie de ce petit voyage dans les airs.

– C'est drôlement plus rigolo que de prendre l'autobus ! dit monsieur Rigolo. Et il se mit à chanter à tue-tête : Vive le vent ! Vive le vent, vive le vent d'hiver !

– Pour monsieur Étonnant : hip, hip, hip, hourra ! firent tous les amis de monsieur Étonnant.

Le lendemain, tous les journaux faisaient l'éloge de l'invention de monsieur Étonnant.

Extraordinaire ! Révolutionnaire ! Épatant ! Sans précédent ! Étonnant ! Ces titres s'étalaient en première page.

Selon toi, qui fut le plus étonné, en lisant son journal ?

Monsieur Étonnant, bien sûr !

RÉUNIS VITE LA COLLECTION ENTIÈRE

1 MME AUTORITAIRE
2 MME TÊTE-EN-L'AIR
3 MME RANGE-TOUT
4 MME CATASTROPHE
5 MME ACROBATE
6 MME MAGIE
7 MME PROPRETTE
8 MME INDÉCISE

9 MME PETITE
10 MME TOUT-VA-BIEN
11 MME TINTAMARRE
12 MME TIMIDE
13 MME BOUTE-EN-TRAIN
14 MME CANAILLE
15 MME BEAUTÉ
16 MME SAGE

17 MME DOUBLE
18 MME JE-SAIS-TOUT
19 MME CHANCE
20 MME PRUDENTE
21 MME BOULOT
22 MME GÉNIALE
23 MME OUI
24 MME POURQUOI

25 MME COQUETTE
26 MME CONTRAIRE
27 MME TÊTUE
28 MME EN RETARD
29 MME BAVARDE
30 MME FOLLETTE
31 MME BONHEUR
32 MME VEDETTE

33 MME VITE-FAIT
34 MME CASSE-PIEDS
35 MME DODUE
36 MME RISETTE
37 MME CHIPIE
38 MME FARCEUSE
39 MME MALCHANCE
40 MME TERREUR
41 MME PRINCESSE

DES **MONSIEUR MADAME**

Adaptation : Josette Gontier
Dépôt légal : mai 2011
ISBN : 978-2-01-224892-2
Loi n° 49-956 du 16 juillet 1949 sur les publications destinées à la jeunesse.
Imprimé et relié en France par I.M.E.